DEUTSCHE
BIBEL
GESELLSCHAFT

Meine 14 Tiergeschichten aus der Bibel

**Mit Nacherzählungen von
Ramona Dobler
und Michael Jahnke**

Illustriert von Mathias Weber

DEUTSCHE BIBELGESELLSCHAFT

Inhaltsverzeichnis

Gottes große Schöpfung

Gott ist da.

Er spricht.

Er schafft Himmel und Erde, Land und Meer, Bäume und Pflanzen, Sonne, Mond und Sterne.

Tosende Wellen ziehen über das Wasser und braune Erde bedeckt den Boden. Grüne Blätter verzieren die dichten Äste der Bäume und bunte Blumen wachsen auf den Hügeln und in den Tälern. Sonnenstrahlen erhellen den Tag und sanftes Mondlicht leuchtet in der Nacht.

Gottes große Schöpfung ist einfach wunderbar.

Gott spricht.

Er schafft Tiere, die hoch oben in der Luft fliegen, und Tiere, die tief unten im Wasser tauchen.

Bunte Vögel schlagen mit den Flügeln und flinke Fische wedeln mit ihren Flossen. Kleine Piepmätze flattern aufgeregt in den Nestern und riesige Wasserlebewesen bewegen sich gemächlich über den Meeresgrund.

Gottes große Schöpfung ist einfach wunderbar.

Gott spricht.

Er schafft Tiere, die über die Erde spazieren – große und kleine, wilde und zahme, springende und kriechende.

Auf der Erde leben Tiere mit dicker Haut, mit langen Hälsen, mit flinken Beinen, mit Haaren, Federn, Schuppen und Fellen. Dort wohnen Tiere, die brüllen, Tiere, die fiepen und Tiere, die man kaum hört und sieht.

Gottes große Schöpfung ist einfach wunderbar.

Gott spricht.
Er schafft Menschen mit wachen Augen, helfenden Händen und einem großen Herzen.
Sie sollen auf die Erde achtgeben. Sie sollen sich um die Tiere kümmern.
Gottes große Schöpfung ist einfach wunderbar.

Gott ist da.
Er ruht sich aus.
Und mit ihm die ganze Schöpfung.
Gottes große Schöpfung ist einfach wunderbar.

Nach 1. Mose/Genesis 1,1–2,4

Tiere

Schnell, schneller, am schnellsten!

Bist du schon einmal im Auto auf der Autobahn gefahren? Kannst du dir vorstellen, dass ein Gepard, das schnellste Tier an Land, bei einer Geschwindigkeit von bis zu 120 km/h neben dem Auto herrennen könnte – wenn auch nur auf einer kurzen Strecke? Fast genauso schnell kann der Fächerfisch durch das Wasser schwimmen. In der Luft ist der Wanderfalke der Rekordhalter. Wenn er sich zu Boden stürzt, kann er eine Geschwindigkeit von über 300 km/h erreichen!

Tiere in der Bibelgeschichte

Tiere und Menschen in Gottes Schöpfung

In der Schöpfungsgeschichte vertraut Gott die Tiere der Fürsorge des Menschen an. In einigen Bibelübersetzungen steht der Begriff „herrschen". Damit ist aber nicht gemeint, dass Menschen Tiere ausbeuten oder bedrohen sollen. Vielmehr gibt Gott den Menschen den Auftrag, sich um die Tiere zu kümmern. Sie sollen wertschätzend und rücksichtsvoll mit den ihnen anvertrauten Lebewesen umgehen. In Gottes Schöpfung sind Menschen und Tiere keine Rivalen, sondern eine Gemeinschaft.

Forscheraufgabe

Versteckt!

Instrumente, Eigelb, Kinosaal, Raumausstatter, Sechseck, Parkuhr, Applaus, Dachschaden, Reklamation – in all diesen Wörtern verstecken sich Tiere! Findest du sie? Kennst du noch mehr solche Wörter?

Klitzeklein oder riesengroß?!

Die Welt der Tiere ist einfach genial! Von riesigen Kolossen bis hin zu winzigen Lebewesen ist alles dabei! Mit einer unglaublichen Länge von bis zu 33 Metern und einem Gewicht von bis zu 180 Tonnen ist der Blauwal das größte Tier der Erde. Zu den winzigsten Tieren der Welt gehört ein Frosch, der nur zwischen sieben und acht Millimeter groß wird, der Paedophryne amauensis.

Tiere in der Bibel

Die Bibel kennt viele Tiere. Im Alten Testament wurden die Tierarten anhand der verschiedenen Lebensräume Wasser, Luft und Land eingeteilt. Dadurch ergaben sich häufig vier große Gruppen: Wassertiere, geflügelte Tiere, Kriech- und Kleintiere und Landtiere. Außerdem wurde zwischen reinen und unreinen Tieren unterschieden. Zu den reinen Tieren zählten zum Beispiel Schafe, Ziegen und Rinder. Diese durften im Gegensatz zu den unreinen Tieren gegessen werden. Zu den unreinen Tieren gehörten Kamele, Hasen und Schweine.

Tiere werden in der Bibel auch als Symbole und in Bildworten verwendet. Besonders bekannt ist das Bild vom Hirten und seinen Schafen, das im Neuen Testament mehrfach vorkommt.

Was solltest du beachten, wenn du ein Haustier haben möchtest?

Ein Haustier bedeutet eine große Verantwortung. Bevor du dir ein Haustier anschaffst, solltest du dir deshalb folgende Fragen stellen: Habe ich genug Zeit, um mich um das Tier zu kümmern? Habe ich genug Platz, um das Tier artgerecht zu halten? Habe ich genug Geld für Tierfutter und Tierarztkosten? Bin ich bereit, jeden Tag mit dem Tier zu spielen und es zu beschäftigen? Bin ich bereit, mich regelmäßig um Kot und Urin des Tieres zu kümmern (Gassigehen, Katzenklo säubern, ...)? Gibt es jemanden, der sich um das Tier kümmern kann, wenn ich krank / im Urlaub bin?

Verlockende Frucht und schlaue Schlange

Mit vorsichtigen Schritten geht Eva auf den Baum in der Mitte des wunderschönen Gartens zu. Nur kein Geräusch machen. Eigentlich darf sie nicht hier sein. Obwohl: Gott hatte nicht gesagt, dass sie und Adam sich den Baum und seine verlockenden Früchte nicht ansehen durften. Sie macht drei weitere Schritte auf den Baum zu. Ob sie vielleicht mal an einer Frucht riechen kann? Schließlich hatte Gott nur gesagt, dass sie und Adam nicht von den Früchten dieses Baumes essen durften. „Mmh, sieht das lecker aus!", zischelt eine Stimme aus dem Baum. Eva macht vor lauter Schreck ein paar Schritte rückwärts. Eine schmale Gestalt windet sich durch die Äste und spricht Eva an. „Hat Gott euch etwa verboten, von den Früchten der Bäume zu essen?" „Nein", antwortet Eva, „wir dürfen von allen Früchten essen, nur von diesen nicht. Sonst müssen wir sterben." „Ihr werdet gewiss nicht sterben", widerspricht die Gestalt sanft und schlängelt sich über den Ast zu Eva. „Ein kleiner Bissen und ihr werdet wie Gott sein." Eva zögert. Doch die Früchte sind so verlockend, dass sie nicht widerstehen kann. Sie nimmt eine Frucht und beißt hinein.

„Du kannst dir nicht vorstellen, wie lecker die Früchte vom Baum in der Mitte des Gartens sind", sagt Eva und hält Adam die Frucht hin, von der sie bereits gegessen hat. Adam zögert nicht lange und beißt auch hinein. Eva schaut Adam an. Adam schaut Eva an. „Du bist nackt", stellt Adam fest. „Du auch", erwidert Eva. „Ich will nicht, dass du mich so ansiehst." „Ich auch nicht", antwortet Adam. „Und Gott soll uns auch nicht so sehen." Adam und Eva binden Feigen-blätter zusammen und machen sich Lendenschurze daraus.

Am Abend hören Adam und Eva, dass Gott zwischen den Bäumen im Garten spazieren geht. Schnell verstecken sie sich. „Adam! Eva!", ruft Gott. „Wo seid ihr?" Zuerst sagen Adam und Eva nichts, aber dann kommen sie doch aus ihrem Versteck. „Wir haben dich ge-hört und Angst bekommen", erklärt Eva. „Und außerdem schämen wir uns, weil wir nackt sind", meint Adam. „Woher wisst ihr, dass ihr nackt seid?", will Gott wissen. „Habt ihr die verbotenen Früchte vom Baum in der Mitte des Gartens gegessen?" „Eva hat mir die Frucht gegeben, also habe ich davon gegessen", meint Adam und zeigt auf Eva. „Diese Schlange hat mich dazu gebracht", sagt Eva und zeigt auf die Gestalt, die sie zwischen den Bäumen erspäht.
„Auf dem Bauch musst du kriechen und Staub fressen", sagt Gott zur Schlange. Und Adam und Eva schickt Gott aus dem Garten fort.

Nach 1. Mose/Genesis 3,1-24

Entdeckerseite!

Schlange

Kluge Frage

Sind Schlangen immer schon auf dem Bauch gekrochen?

In der biblischen Erzählung von Eva, Adam und der Schlange bestraft Gott die Schlange damit, dass sie fortan auf dem Bauch kriechen und Staub fressen muss. Nach biblischer Vorstellung könnte die Schlange vorher Beine gehabt haben und aufrecht gelaufen sein.

Tiere in der Bibelgeschichte

Adam, Eva und die Schlange

Adam und Eva leben zunächst in Gottes Garten Eden. Dort wird Eva von der Schlange überredet, trotz Gottes Verbot vom Baum der Erkenntnis von Gut und Böse zu essen. Diese Schlange wird oft auf Satan bezogen. Anscheinend besaß Satan entweder eine von Gott geschaffene Schlange oder er nahm die Gestalt einer Schlange an. Die Schlange sorgt dafür, dass es zu einer Trennung zwischen den Menschen und Gott kommt.

Besserwisser

Wie Schlangen fressen

Spannend an Schlangen ist, dass sie Nahrung fressen können, die viel größer ist als ihr Körper. Sie können Ober- und Unterkiefer voneinander trennen, so dass sie große Tiere verschlucken können. Schaut man sich Bilder von Schlangen an, die gerade gefressen haben, kann man sogar manchmal erahnen, was es war.

Die Schlange in der Bibel

Die Rolle der listigen Verführerin in der biblischen Erzählung von Adam und Eva macht die Schlange zum Symbol der Falschheit und des Bösen. Aber auch in der Bibel gibt es eine andere Bedeutung von Schlangen: Als das Volk Israel mit Mose durch die Wüste zieht, murren die Menschen über die Strapazen. Da schickt Gott Giftschlangen. Mose richtet ein Kreuz mit einer Schlange aus Erz auf. Wer gebissen wurde und auf die Schlange am Kreuz schaut, hat nichts zu befürchten. Hier hat die Schlange eine lebensrettende Bedeutung.

Riechen mit der Zunge

Menschen riechen mit der Nase. Schlangen nicht. Mit der gespaltenen Zunge, die immer wieder aus dem Maul der Schlange hervorkommt, nehmen Schlangen Geruchsstoffe wahr. Sie riechen also mit der Zunge.

Heute gibt es ein ärztliches Zeichen, in dem eine Schlange eine wichtige Rolle spielt. Kannst du herausfinden, um welches Zeichen es sich handelt?
Ein Tipp: Die Schlange ist eine Natter und das Zeichen geht auf einen Griechen mit Namen Äskulap zurück.

Die Taube mit dem Olivenzweig

Auf der Baustelle herrscht reges Treiben. Es hämmert und klopft, es poltert und knarrt. Nicht weit entfernt sitzt eine kleine Taube auf einem Ast. Sie beobachtet, wie die Männer ein riesiges Schiff bauen. Über drei Stockwerke ist es hoch. Und wenn die kleine Taube am Eingang vorbeispaziert, kann sie die vielen Kammern im Innern sehen.

„Das Dach soll ein Stück überstehen!", ruft ein Mann mit dem Namen Noah. Er wischt sich die Schweißperlen von der Stirn. „So hat Gott es gesagt", murmelt er vor sich hin. Dann blickt er zum Himmel hinauf. Die Sonne ist hinter den dichten Wolken verschwunden. Es sieht nach Regen aus. „Bald ist es so weit", seufzt er. „Bald wird es eine Sintflut geben." Er hebt ein Stück Holz vom Boden auf. „Und die vielen Tiere müssen auch noch in die Arche", sagt er leise, als er die kleine Taube entdeckt. Dann macht er sich wieder an die Arbeit.

Einige Tage sind vergangen. In der Arche herrscht nun reges Treiben. Viele Tiere haben ihren Platz schon gefunden. Manchmal
brüllt ein Löwe, ein Rabe krächzt und zwei Mäuse flitzen über den
Boden. Auch die kleine Taube sitzt in einer der vielen Kammern.
Noah und seine Familie sehen nach dem Rechten. Sie verteilen das
Futter und kümmern sich um die Tiere.
Dann beginnt es zu regnen. Es regnet und regnet. Nicht nur für ein
paar Stunden, sondern über vierzig Tage und vierzig Nächte hinweg prasselt der Regen auf das Dach der Arche.

Das Wasser steigt höher und höher. Von der Erde ist bald nichts mehr zu sehen. Selbst die Berge versinken im Wasser. Inmitten der Fluten sieht das riesige Schiff ganz klein aus. Unruhig schaukelt es hin und her.

Endlich hört der Regen auf. Ein kräftiger Wind bläst über das Wasser. Ganz langsam beginnt es zu sinken. Das Schiff mit Noah und den vielen Tieren gleitet dahin. Schließlich setzt es auf einem Berg auf.

Es dauert noch viele Tage, bis Noah endlich das kleine Fenster öffnet. Mit zusammengekniffenen Augen sieht er hinaus. Ist das Wasser abgeflossen? Er lässt einen Raben fliegen. Immer wieder kehrt dieser zur Arche zurück. Die Erde ist noch nicht trocken.

Schließlich holt Noah die kleine Taube. Er trägt sie zum Fenster und blickt erwartungsvoll hinaus. Die Taube breitet ihre Flügel aus und fliegt davon. Doch noch immer bedeckt das Wasser den Boden. Nirgendwo kann sie sich niederlassen. Die kleine Taube kehrt um und fliegt zurück. Noah streckt seine Hand aus und holt sie wieder zu sich in die sichere Arche.

Er wartet weitere sieben Tage. Dann schickt er die Taube nochmal los. Wieder kommt sie zu ihm zurück. Doch dieses Mal hat sie etwas dabei. In ihrem Schnabel trägt sie das Blatt eines Olivenbaumes. Voller Hoffnung sieht Noah sie an. Das Wasser wird immer weniger. Bald schon können die vielen Tiere und seine Familie wieder auf der Erde leben. Gott sei Dank!
Und als Noah nach sieben Tagen die Taube ein drittes Mal fliegen lässt, kehrt sie nicht wieder zur Arche zurück. Nun hat sie auf der Erde ein Zuhause gefunden.

Nach 1. Mose/Genesis 6,5–8,12

Taube

Wie orientieren sich Brieftauben?

Schon sehr lange werden Brieftauben als Überbringer von Informationen und Nachrichten eingesetzt. Dazu müssen die Tiere zunächst vom Ursprungsort zum Ort des Abflugs gebracht werden. Von dort aus können sie die Post, die beispielsweise in einem kleinen Behälter an einem ihrer Füße befestigt wird, zum Ursprungsort zurückbringen. Es ist nicht vollständig geklärt, wie der Orientierungssinn der Brieftauben funktioniert. Vermutlich orientieren sich die Tiere sowohl am Sonnenstand, am Magnetfeld der Erde und an ihrer Umgebung. Außerdem scheint auch der Geruchssinn der Tiere für die Orientierung von Bedeutung zu sein.

Die Taube und Noah

In der biblischen Geschichte setzt Noah die Taube ein, um herauszufinden, ob das Wasser bereits abgeflossen ist. Als sie mit einem Olivenzweig im Schnabel zurückkehrt, bedeutet dies, dass die Sintflut zu Ende und neues Leben auf der Erde möglich ist. Die Taube ist daher – auch heute noch – ein Symbol der Hoffnung, des Neuanfangs und des Friedens.

Tauben in der Bibel

Im Hohelied, einem Buch der Bibel im Alten Testament, wird die Taube verwendet, um den Menschen, den man liebt und verehrt, zu beschreiben. Die Taube gilt zudem als Vorbild. Im Matthäusevangelium fordert Jesus seine Jünger dazu auf, „aufrichtig wie die Tauben" zu sein (Matthäus 10,16).

In den Evangelien wird außerdem erzählt, dass bei der Taufe von Jesus der Geist Gottes wie eine Taube auf ihn herabkommt (Markus 1,10). Im christlichen Glauben ist die Taube deshalb ein Symbol für den Heiligen Geist.

Schöpfen oder Saugen?

Hast du schon einmal einen Vogel beim Trinken beobachtet? Normalerweise müssen Vögel beim Trinken ihren Kopf anheben, damit das Wasser in ihre Körper fließen kann. Sie „schöpfen" das Wasser. Bei Tauben ist das anders. Sie können das Wasser direkt einsaugen.

Warum gurren Tauben?

Mit dem Gurren versuchen männliche Tauben die Weibchen zu beeindrucken. Tauben gurren mit geschlossenem Schnabel. Neben dem Gurren führen männliche Tauben zudem einen Tanz für die Weibchen auf: Sie strecken ihren Körper nach vorne, verneigen sich, gehen im Kreis und stellen ihre Federn auf.

„Ihr seid ja zwei Turteltauben!"

Als „Turteltauben" wird nicht nur eine Taubenart bezeichnet. Wer könnte mit diesem Begriff noch gemeint sein?

Tipp: Turteltauben sind ein Symbol für die Liebe.

Hilfe, Heuschrecken!

Es ist früh am Morgen als der Pharao die Heuschrecke entdeckt. Sie sitzt auf seinem rechten Arm und streckt ihre Fühler in seine Richtung. Ehe der Pharao sich versieht, springt sie davon. Ein ungutes Gefühl macht sich in ihm breit. Er erinnert sich daran, wie Mose und Aaron das erste Mal zu ihm gekommen waren. „So spricht der Gott Israels: Lass mein Volk ziehen!", hatten sie gesagt. Doch der Pharao war hart geblieben. „Ich kenne diesen Gott nicht!", hatte der Pharao erwidert. Niemals würde er die Israeliten, seine Sklaven, gehen lassen! Wer sonst soll die Ziegel für seine unzähligen Bauwerke anfertigen? Wie sonst kann er dieses Volk unter seiner Kontrolle halten?

Und nichts hatte seitdem die Meinung des Pharao ändern können: Nicht das rote Blut, das den Nil verseuchte und die Fische sterben ließ. Nicht die quakenden Frösche, die bei jedem Schritt hinter den Ägyptern hersprangen. Nicht die lästigen Stechmücken, die Tag und Nacht um die Ägypter herumschwirrten. Nicht das aufdringliche Ungeziefer, das aus allen Ecken kroch. Nicht die schlimmen Krankheiten, die die Tiere der Ägypter bekamen. Nicht die schmerzhaften Geschwüre, die sich auf der Haut der Ägypter ausbreiteten. Und auch nicht der Hagel, der einen großen Teil der Ernte zerstörte.

Der Pharao entdeckt eine zweite Heuschrecke. Sie sitzt auf seinem Schuh. Das ungute Gefühl in seinem Bauch breitet sich weiter aus. Dann hallt eine Stimme durch den Palast. „Hilfe, Heuschrecken!", ruft es laut. Ein Diener kommt angerannt. Das Entsetzen ist ihm ins Gesicht geschrieben. „Sie – sie – sie sind überall", berichtet er stockend. „Und sie fressen alles auf. Alles, was der Hagel noch übrig gelassen hat!"

Der Pharao schlägt die Hände über dem Kopf zusammen. Hatten Mose und Aaron ihm nicht prophezeit, dass eine weitere Plage über Ägypten hereinbrechen würde, sollte er die Israeliten nicht ziehen lassen? Wie lange wird das noch so weitergehen?

Der Pharao lässt Mose und Aaron rufen. Er fleht sie an, zu ihrem Gott zu beten. Schon bald trägt der Wind die Heuschrecken davon. Die Plage ist vorüber. Und der Pharao will nichts mehr von alledem wissen. Die Israeliten sollen weiter für ihn arbeiten! Und auch, als die neunte Plage hereinbricht und es in Ägypten drei Tage lang stockdunkel ist, lässt er die Israeliten nicht gehen.

Doch dann sterben die ältesten Söhne der Ägypter. Auch der erstgeborene Sohn des Pharao lebt nicht mehr. Der Pharao kann nicht länger dagegenhalten. Endlich lässt er Mose und die Israeliten ziehen. Das Volk packt alles zusammen. Die Israeliten haben einen weiten Weg vor sich.

Kurze Zeit später jagt der Pharao hinter ihnen her. Die Israeliten sollen zurückkommen! Doch Gott lässt sein Volk nicht allein. Tag und Nacht ist er bei den Israeliten. Selbst durch das Schilfmeer führt er sie hindurch. Die Ägypter können ihnen nichts mehr anhaben.

Die Zeit der Sklaverei ist vorüber. Die Israeliten atmen auf. Sie singen und tanzen. Sie jubeln Gott zu. Er hat sie nicht vergessen. Gott hat sein Volk frei gemacht.

Nach 2. Mose/Exodus 5–14

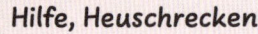

Entdeckerseite!

Heu-schrecke

Hilfe, Heuschrecken!

Insbesondere Wanderheuschrecken stellen eine Bedrohung für Menschen dar. Die Tiere mit den gut ausgebildeten und kräftigen Mundwerkzeugen können sich zu riesigen, umherziehenden Schwärmen zusammenschließen. Dabei kann ein Schwarm mehr als eine Milliarde Tiere umfassen. Du kannst dir sicherlich vorstellen, welch großen Hunger so viele Heuschrecken haben! Die Schwärme fallen über die Ernten her und zerstören somit die Lebensgrundlage für unzählige Menschen. Auch heute noch gibt es viele Länder, insbesondere in Afrika, Asien und Südamerika, die mit Heuschreckenschwärmen und deren Folgen zu kämpfen haben.

Heuschrecken in der Bibel

Weil Heuschreckenschwärme ganze Ernten vernichten können, werden die Tiere in der Bibel in der Regel als Gefahr angesehen. Auch feindliche Heere werden in der Bibel oft mit Heuschrecken verglichen.

Allerdings konnten Heuschrecken auch als Nahrung dienen. In den Evangelien wird erzählt, dass Johannes der Täufer neben Honig auch Heuschrecken aß, um in der Wüste zu überleben. (Matthäus 3,4; Markus 1,6)

Lecker, Heuschrecken!

In vielen Ländern der Erde sind Heuschrecken ein Nahrungsmittel, das gebraten oder gegrillt gerne verspeist wird. In Europa sind bestimmte Heuschrecken zwar inzwischen zum Verzehr zugelassen, aber ein so gängiges Lebensmittel wie in manchen afrikanischen und asiatischen Ländern ist es hier noch nicht.

Die achte Plage

Im zweiten Buch Mose wird erzählt, dass Gott Mose den Auftrag gibt, die Israeliten aus Ägypten zu führen. Doch der Pharao weigert sich, das Volk ziehen zu lassen. Ungeheuerliche Ereignisse brechen über Ägypten herein. Die achte Plage sind Heuschrecken. Die gefräßigen Tierchen fallen über das her, was der Hagel, die siebte Plage, noch nicht zerstört hat. Damit wird die Chance, dass überhaupt noch etwas bis zur Erntezeit wächst, vollends aussichtslos. Deshalb ist diese Plage für den Pharao besonders dramatisch.

Können Heuschrecken singen?

Mit dem Gesang eines Menschen kann man die Gesänge der Heuschrecken zwar nicht vergleichen, aber das Zirpen, Knarren oder Rattern der Tierchen kann ganz schön laut werden. Häufig benutzen sie dazu ihre Flügel, ihre Beine oder sogar ihre Mundwerkzeuge. Mit ihren Gesängen versuchen die männlichen Heuschrecken, Weibchen anzulocken. Außerdem kann der Gesang dazu dienen, das eigene Revier zu verteidigen oder einem anderen Heuschreckenmännchen den Kampf anzukündigen.

Sprungweltmeister?

Die Hinterbeine von Heuschrecken dienen als Sprungbeine. Das macht die kleinen Tierchen zu Sprungweltmeistern! Forsche nach: Wie weit können Heuschrecken eigentlich springen?

Die Kamele der Königin

Eine lange Karawane schlängelt sich durch die karge Landschaft. Bei jedem ihrer Schritte wirbeln die unzähligen Kamele Staub vom Boden auf. Die Tiere mit den dichten Wimpern und den großen Höckern sind schwer beladen. Duftende Öle, glänzendes Gold und wertvolle Edelsteine tragen sie mit sich. Schon seit vielen Tagen sind sie unterwegs. Von Sonnenaufgang bis Sonnenuntergang ziehen sie dahin. Geduldig ertragen sie die Hitze des Tages und die Kälte bei Nacht, laufen über spitze Steine und sandige Böden.
Die Kamele gehören der Königin von Saba. Mit ihrem Gefolge ist sie unterwegs nach Jerusalem.

Es ist nicht mehr weit. Schon aus der Ferne kann man den Palast von König Salomo erkennen. Vornehme Diener begrüßen die Karawane. Die Königin wird von Salomo empfangen. Sie hat schon viel über ihn gehört. Weise und wohlhabend soll er sein. Nun will sie sich selbst ein Bild von ihm machen.

Die Königin von Saba hat knifflige Rätsel für den König vorbereitet. Salomo löst sie alle. Und selbst auf die schwierigsten Fragen hat er eine Antwort. Die Königin ist tief beeindruckt: Wie weise dieser König doch ist!

Wenig später sieht sie sich Salomos prächtigen Palast an. Und sie kann nur staunen über die vielen verschiedenen Speisen, die vornehmen Diener in kostbaren Gewändern und darüber, wie treu Salomo seinem Gott dient.

„Ich konnte nicht glauben, was man in meinem Land über dich er-
zählte", sagt sie zu Salomo. „Doch nun habe ich es mit eigenen Augen gesehen. Deine Weisheit und dein Reichtum übertreffen alles,
was ich von dir gehört habe. Dein Gott sei gelobt! Er hat sein Volk
sehr lieb. Deshalb hat er dich zum König gemacht, damit du mit
Weisheit für Recht und Gerechtigkeit sorgst. Die Menschen, die
mit dir leben, können sich glücklich schätzen."
Die Königin von Saba lässt all die Güter in den Palast bringen, die
ihre Kamele den weiten Weg bis nach Jerusalem getragen haben.
Sie beschenkt König Salomo mit duftenden Ölen, glänzendem Gold
und wertvollen Edelsteinen.
Schließlich macht sie sich mit ihrem Gefolge auf den Weg zurück
in ihr Land. Und wieder sind die Kamele der Königin reich beladen.
Nun tragen sie Geschenke von König Salomo mit sich.

Nach 1. Könige 10,1-13

Kamel

Die Kamele der Königin

Wie viele Kamele die Königin von Saba mit nach Jerusalem brachte und wie lange die Karawane unterwegs war, wird in der biblischen Geschichte nicht erzählt. Aber es wird deutlich: Die Königin von Saba war überaus wohlhabend und besaß genug Kamele, um riesige Mengen an Gold, Balsamölen und Edelsteinen transportieren zu lassen.

Blick in die Bibel

Kamele in biblischen Geschichten

In den biblischen Geschichten des Alten Testaments werden Kamele häufig als Lasttiere erwähnt, die über weite Strecken Handelsgüter transportieren. Da Kamele oft wertvolle Güter mit sich tragen, sind sie im Alten Testament auch ein Symbol für Reichtum.

Das bekannte Sprichwort „eher geht ein Kamel durch ein Nadelöhr" geht auf das Neue Testament zurück und spielt auf die Größe eines Kamels an. Jesus spricht dabei davon, wie schwierig es für reiche Menschen ist, ins Reich Gottes zu kommen.

Besserwisser

Hat ein Kamel einen oder zwei Höcker?

Wer wissen will, wie viele Höcker ein Kamel hat, muss die Tierfamilie genau unter die Lupe nehmen. Denn zu den Kamelen gehören sowohl die einhöckrigen Dromedare, die im arabischen Raum und in Nordafrika leben, als auch die zweihöckrigen Trampeltiere, die in Zentralasien zu Hause sind. Das sind die sogenannten Altweltkamele. Daneben gibt es aber auch Kamele ohne Höcker, die Neuweltkamele. Dazu zählen auch Lamas und Alpakas.

Bestens angepasst!

Kamele sind an das Leben in trockenen Regionen bestens angepasst. Eine Besonderheit in ihrem Blut sorgt dafür, dass sie in kurzer Zeit sehr viel Wasser aufnehmen können, ohne dabei zu überwässern. Der Stoffwechsel der Kamele ist auf das Wassersparen „programmiert". Über den Urin wird nur wenig Wasser ausgeschieden. Auch der Kot ist sehr trocken. Da die Körpertemperatur von Kamelen in der Nacht absinkt und tagsüber bis zu 42 Grad betragen kann, schwitzen die Tiere kaum. Um sich vor lästigen Sandkörnern zu schützen, können Kamele ihre Nüstern verschließen. Die Höcker von Dromedaren und Trampeltieren sind wichtige Fettspeicher und dienen den Kamelen als Energiereserve. Außerdem bietet der Höcker Schutz vor starker Sonneneinstrahlung am Rücken.

Wie können Kamele auf sandigem Boden laufen, ohne dabei auszurutschen oder einzusinken?

Anders als Pferde haben Kamele keine Hufe, sondern bewegen sich auf Schwielen. Die Verdickungen aus elastischem Bindegewebe schützen das Kamel vor kantigen Steinen und heißem Boden. Außerdem sorgt diese Polsterung dafür, dass das Gewicht der Tiere gut verteilt wird und verhindert so, dass sie in den Sand einsinken.

Kamelreiter oder Kamelmatrose?

Wer auf einem Kamel reitet, fühlt sich wie auf einem Schiff: Das Kamel schaukelt beim Gehen hin und her. Kannst du herausfinden, woran das liegt? Tipp: Es hat etwas damit zu tun, wie die Kamele ihre Beine bewegen.

Elija und die Raben

Elija schaut sich um. Sand und Steine und Felsen soweit das Auge reicht. Hinten sieht er ein paar Hügel. Vereinzelt haben Büsche ihre Wurzeln tief in den trockenen Boden gegraben. An dem Baum, an den er mit dem Rücken gelehnt sitzt, gibt es wenigstens noch einige grünliche Blätter. Das hat mit dem kleinen Bach zu tun, der vor Elijas Füßen fließt. Der ist noch nicht ganz ausgetrocknet. Aber auch das wird nicht mehr lange dauern.

„Geh zu König Ahab", hatte Gott zu Elija gesagt. „Er tut, was mir nicht gefällt. Er treibt es sogar noch schlimmer als die Könige vor ihm. Sage ihm, dass es weder Tau noch Regen geben wird, bis ich es befehle." So war es gekommen. Seit Wochen war der Regen ausgeblieben. Dann hatte Gott zu Elija gesagt: „Versteck dich am Bach Kerit. Aus dem Bach kannst du trinken und ich habe den Raben befohlen, dich zu versorgen." Elija sucht den Himmel ab. Sein Magen knurrt. Seit er gestern hier angekommen ist, hat er nichts gegessen. Da sieht er einen kleinen schwarzen Punkt weit oben am Himmel. Dann einen zweiten und einen dritten. Die Punkte werden größer und Elija erkennt, dass es Raben sind. Einer nach dem anderen landet bei Elija am Bach. Einer hat ein Stück Brot im Schnabel, ein anderer eine Dattel und wieder ein anderer ein Stück getrockneten Fisch. Elija freut sich. Gott versorgt ihn.

Elija schaut zurück. Da ist der Baum, unter dem er viele Tage gelagert hat. Und da der Bach, der ihn mit Wasser versorgt hat. Aber seit gestern ist der Bach ausgetrocknet. „Geh in die Stadt Sarepta", hat Gott Elija aufgefordert. „Ich habe einer Frau gesagt, dass sie dich versorgen soll." Elija schultert sein Bündel und geht los.

Elija schaut nach vorn. Da ist das Stadttor von Sarepta. Er sieht eine Frau, die vor dem Tor Holz aufsammelt. „Kannst du mir bitte einen kleinen Krug Wasser bringen?", spricht Elija sie an. „Und bring doch auch ein Stück Brot mit." Die Frau sieht Elija an. „So wahr Gott lebt", antwortet sie, „ich habe nur noch eine Handvoll Mehl und einen kleinen Rest Öl. Damit will ich ein letztes Brot für mich und meinen Sohn backen. Dann haben wir nichts mehr und müssen sterben."

„Hab keine Angst", sagt Elija. „Geh nur und tu, was du gesagt hast. Aber backe zuerst ein Brot für mich und danach eines für dich und deinen Sohn. Denn Gott verspricht: Das Mehl und das Öl werden nicht alle werden."

So geschieht es. Das Mehl wird nicht alle und das Öl geht nicht zu Ende. Gott versorgt Elija, die Frau und ihren Sohn.

Nach 1. Könige 17,1-16

Rabe

Was ist der Unterschied zwischen Raben und Krähen?

Raben und Krähen gehören beide zur Familie der Rabenvögel. In Europa sind Kolkraben, Aaskrähen, Saatkrähen und Dohlen verbreitet. Raben sind größer als Krähen. Sie können eine Körperlänge zwischen 60 und 70 Zentimetern erreichen und bis zu 1,5 Kilogramm wiegen.

?

Tiere in der Bibelgeschichte

Die Raben und Elija

Was haben sich die Raben wohl gedacht, als Gott ihnen auftrug, Elija zu versorgen? Hätten sie das Essen gerne für sich behalten? Und hat einer von ihnen auf dem Weg zu Elija versehentlich das Essen verschluckt oder verloren? Auf jeden Fall haben die Raben Elija versorgt und so vor dem Verhungern gerettet.

Blick in die Bibel

Raben in der Bibel

Neben den Raben, die Elija am Bach Kerit versorgen, ist vor allem der Rabe aus der Geschichte von Noah und der Arche bekannt. Nachdem der Regen aufgehört hat und die Arche auf einem Berg aufsetzt, lässt Noah einen Raben fliegen. Dieser soll erkunden, ob es bereits trockene Stellen auf der Erde gibt. Aber der Rabe kehrt immer wieder zur Arche zurück. Erst eine Taube bringt ein Blatt im Schnabel mit zur Arche – ein Beweis dafür, dass es bereits wieder Land mit Büschen und Bäumen gibt. Kurz darauf können Noah, seine Familie und die vielen Tiere wieder auf der Erde leben.

Kluge Raben

 **Erstaunlich**

Raben und Krähen zählen zu den intelligentesten Vögeln und legen ein erstaunliches Lernverhalten an den Tag. Es wurde beobachtet, dass Raben den Straßen- und Schienenverkehr zum Knacken von Nüssen und Früchten nutzen. Dabei sammeln sie die von Autofahrern überfahrenen Nüsse erst dann auf, wenn die Ampel Rot zeigt. An anderer Stelle wurde beobachtet, dass Raben die Nüsse vor allem auf die Busspur fallen lassen, wo sie die geknackten Nüsse in Ruhe aufsammeln können, während zwei benachbarte Spuren viel stärker von Autos befahren werden.

Raben in Büchern

Besserwisser

Raben gelten als geheimnisvolle Vögel. Sie kommen in vielen Erzählungen, Märchen und Fabeln vor. Bekannt ist vor allem der kleine Rabe Socke in den Kinderbüchern. In Otfried Preußlers Erzählung „Krabat" spielen Raben eine wichtige Rolle und Wilhelm Busch schreibt von einem Raben namens Hans Huckebein.

Können Raben sprechen?

Forscheraufgabe

Raben sind intelligente Tiere. Aber können sie auch sprechen? Mache dich auf die Suche und finde heraus, ob Raben dazu in der Lage sind. Vielleicht wundert es dich, was du dabei herausfindest.

Der Liederdichter und der Meeresdrache

Joel atmet tief ein. Früh am Morgen ist er leise aus dem Haus gegangen, in dem er mit seinen Eltern und Geschwistern lebt. Zu dieser Zeit des Tages, in der noch alles schläft, fühlt er sich Gott besonders nah. Auf dem Weg zum Meeresufer hat er seinen Blick schweifen lassen. Da der kleine Ort in den Hügeln, dort der Badebach mit dem frischen Wasser, die grünen Barfußwiesen mit Schafen und Ziegen und bunten Blumen, die fruchtbaren Getreidefelder, die Versteckbüsche und Kletterbäume und dahinter das Meer. „Wunderbar", denkt Joel, als er endlich am Ufer sitzt. Er summt eine Melodie, die er sich ausgedacht hat. Worte kommen ihm in den Sinn. Joel singt.

„Gott, wie groß bist du! Alles, was du gemacht hast, ist so groß und viel! Die Erde ist erfüllt von dem, was du gemacht hast. Da ist das Meer, so groß und weit. Dort fahren Schiffe bei ruhiger See, doch auch, wenn die Wellen hoch gehen. Darin wimmelt es von großen und kleinen Tieren. Auch der Meeresdrache spielt tief unten im Meer. Sogar den hast du gemacht. Gott, wie groß bist du! Alles, was du gemacht hast, ist so groß und viel."

Nach Psalm 104

Meeres-drache/ Leviatan

Was ist ein Meeresdrache/Leviatan?

Beide Begriffe bezeichnen das gleiche Seeungeheuer. In der Regel wird das Seeungeheuer Leviatan genannt, in manchen Bibelübersetzungen steht aber auch Meeresdrache. Das Wort Leviatan kommt aus der hebräischen Sprache und bedeutet ins Deutsche übersetzt „der sich Windende" oder „der Kringelnde". Meist wird der Leviatan als Schlange oder Drache beschrieben, aber auch als Krokodil.

Wo kommt der Leviatan/der Meeresdrache in der Bibel vor?

Im Alten Testament der Bibel hat der Leviatan mit dem großen Chaos zu tun, dass am Anfang herrscht, bevor Gott alles erschafft. In Psalm 74 wird erzählt, dass Gott auch den Leviatan besiegt, als er die chaotischen Wassermassen in die zwei Bereiche über dem Himmel und unter der Erde aufteilt. Erst dann kann Land entstehen, auf dem das Leben beginnt.

Psalm 104

In dieser Geschichte, die an den Psalm 104 angelehnt ist, kommt der Leviatan in einer anderen Bedeutung vor als an anderen Stellen in der Bibel. In Psalm 104 ist der Leviatan ein von Gott geschaffenes Wesen, das im tiefen Meer wohnt und von Gottes Versorgung abhängig ist.

Erstaunlich

Glaucus atlanticus und Phycodurus eques

Tatsächlich gibt es im Meer Tiere, die an einen Drachen erinnern. Glaucus atlanticus ist eine Fadenschnecke und Phycodurus eques ein Fetzenfisch. Allerdings wird die Fadenschnecke nur drei bis fünf Zentimeter lang und ein großer Fetzenfisch selten über 30 Zentimeter groß. Für einen richtigen Meeresdrachen können sie also nicht gehalten werden.

Wilder Ritt

Kann man auf einem Leviatan reiten? In wilden Bewegungen hoch und runter und rechts und links? Vorwärts und rückwärts? Schau doch mal, ob du einen Leviatan findest, mit dem das möglich ist.
Ein Tipp: Du findest ihn in einem Freizeitpark.

Forscheraufgabe

Der Wolf und das Lamm

„Hörst du mir zu, Onkel Jesaja?" Jesaja schreckt auf. Dann schaut er seine Nichte Rahel an, die neben ihm auf dem Boden sitzt. „Entschuldige bitte", sagt er. „Ich war ganz in Gedanken versunken." „Woran hast du denn gedacht?", will Rahel wissen. Jesaja überlegt. Dann erzählt er: „Heute Morgen bin ich durch die Straßen unserer Stadt Jerusalem gelaufen. Das hat mich traurig gemacht!" „Warum denn nur?", will Rahel wissen. „Mit meiner Freundin Elisabet spiele ich gerne auf der Straße." Jesaja nickt. Dann redet er weiter: „Ich habe einen Bettler am Straßenrand sitzen sehen. Hinten am Stadttor. Er hat seine Hand nach den Menschen ausgestreckt, die an ihm vorbeigegangen sind. Sie haben ihn gar nicht beachtet. Keiner hat eine kleine Münze oder ein gutes Wort für ihn gehabt." Nun ist Rahel traurig: „Aber man muss den Bettlern doch helfen", sagt sie leise. Jesaja nickt wieder. „Und dann habe ich zwei Männer gesehen, die in einen Streit geraten sind. Vielleicht ging es nur um eine Kleinigkeit. Ein unachtsamer Blick oder ein unbedachtes Wort. Sie haben gekämpft. Der eine Mann hatte einen Knüppel bei sich. Er wollte den anderen schlagen."

Rahel schüttelt den Kopf. „So geht das doch nicht!", sagt sie. „Wir wollen uns doch vertragen." „So ist es", stimmt Jesaja seiner Nichte zu. „Auch Gott gefällt nicht, was die Menschen in Jerusalem und im ganzen Land tun. Sie leben so, als gäbe es Gott gar nicht." „Wird das denn nie anders?", seufzt Rahel. „Doch!", sagt Jesaja. „Eines Tages wird Gott jemanden schicken, den er ausgewählt hat. Wenn der kommt, wird alles anders. Er wird gerecht herrschen und es wird Frieden für alle und überall geben. Sogar die Tiere werden friedlich miteinander umgehen. Ein Wolf wird bei einem Lamm zu Gast sein und es nicht fressen!" „Was?", ruft Rahels Bruder Schlomo aus der anderen Ecke des Raumes. „Das geht doch gar nicht! Gestern hat mir mein Freund Ruben erzählt, dass ein Wolf die Herde Schafe angegriffen hat, auf die er aufpassen sollte. Er hat seine Steinschleuder genommen und den Wolf verjagt. Wölfe fressen Lämmer! Und Lämmer können sich nicht wehren. Das weiß doch jeder." Für einen Moment ist es ganz still. Dann lächelt Jesaja. „Doch", sagt er. „Wenn der kommt, den Gott schickt, dann werden Wolf und Lamm friedlich beisammen sein."

Nach Jesaja 11,1-9

Wolf und Lamm

Was fressen Wölfe?

Wölfe sind gefährliche Jäger. Meist jagen sie in einem Rudel und gehen dabei sehr geschickt vor. Wölfe fressen in der Regel Rehe, Rothirsche und Wildschweine. Nutztiere wie zum Beispiel Schafe oder Lämmer fressen sie dagegen nur selten.

Tiere in der Bibelgeschichte

Wolf und Lamm

Der Prophet Jesaja will mit dem Bild von Wolf und Lamm erklären, wie außergewöhnlich und umfassend der Frieden ist, den Gottes Auserwählter bringen wird. Sogar die, die auf keinen Fall friedlich miteinander umgehen, werden dann Frieden halten. Christen glauben, dass mit Gottes Auserwähltem Jesus gemeint ist. Frieden wird dann sein, wenn alle Menschen so leben, wie Gott es sich vorstellt.

Blick in die Bibel

Wofür stehen Wolf und Lamm in der Bibel?

Wenn in der Bibel ein Wolf vorkommt, geht es meistens um eine gefährliche Situation oder um Menschen, die für andere gefährlich werden können. So warnt Jesus beispielsweise vor falschen Propheten und vergleicht sie mit reißenden Wölfen, die sich als Schafe verkleidet haben. Bei einem Lamm ist es anders. Es steht für Unschuld und Wehrlosigkeit. Oft wird es als Opfer bezeichnet. Der Unterschied zwischen Wolf und Lamm könnte also kaum größer sein.

Wölfe in Deutschland

Nachdem Wölfe in Deutschland lange Zeit ausgerottet waren, wurden im Jahr 2000 die ersten Wolfswelpen in Freiheit geboren. Inzwischen leben in Deutschland 184 Rudel, 47 Paare und 22 Einzeltiere, insgesamt etwa 1.350 Wölfe. Wer einem Wolf in freier Wildbahn begegnet, sollte sich ruhig verhalten und sich langsam zurückziehen. Dabei nicht rennen, das könnte den Jagdreflex auslösen.

Mutterschafe und ihre Lämmer

Bei Gefahr suchen die Lämmer Schutz bei ihren Müttern. Diese wachen aufmerksam über ihren Nachwuchs und wissen immer, wo er sich aufhält. Sollten sie ein Lamm doch mal aus den Augen verlieren, holen sie es blökend an ihre Seite zurück.

Mit den Hinterbeinen

Wer Lämmer beobachtet, macht gelegentlich eine erstaunliche Entdeckung. Lämmer treten mit den Hinterbeinen in die Luft. Aber warum tun sie das? Hast du eine Erklärung dafür? Kannst du es herausfinden?

Forscheraufgabe
?

In der Löwengrube

In dieser Nacht findet König Darius keinen Schlaf. Unruhig wälzt er sich hin und her. Immer wieder muss er an Daniel denken. Und immer wieder blitzen hungrige Löwenmäuler vor seinem inneren Auge auf. Wie es Daniel in der Löwengrube wohl ergehen mag?

König Darius seufzt. Daniel war einer seiner höchsten Beamten in seinem Königreich gewesen. Er war klug und zuverlässig und kümmerte sich sorgfältig um die Belange des Königs. Damit übertraf er alle anderen wichtigen Männer des Landes. Am liebsten hätte der König ihn als Verwalter über das ganze Königreich gesetzt.

Doch dann waren die anderen Minister zu König Darius gekommen. Sie wollten ihm ein neues Gesetz vorschlagen: Dreißig Tage lang sollte es verboten sein, eine Bitte an jemand anderen zu richten als an ihn, den König. Und wer gegen dieses Verbot verstoßen würde, sollte in die Löwengrube geworfen werden. Natürlich hatte er diesem Gesetz zugestimmt – schließlich war er der König. Und so war die königliche Verordnung in Kraft getreten.

Nur kurze Zeit später waren die Minister wieder zu ihm gekommen. „Hast du nicht ein Verbot erlassen, das für dreißig Tage gilt?", fragten sie. „Und soll nicht jeder, der dagegen verstößt, in die Löwengrube geworfen werden?" „So ist es", hatte er erwidert. Ein gemeines Grinsen breitete sich auf den Gesichtern der Minister aus. „Dann müssen wir dir etwas über Daniel erzählen!", riefen sie. „Daniel kümmert sich weder um dich noch um das Verbot, das du erlassen hast! Stattdessen betet er dreimal am Tag zu seinem Gott!"

Da war König Darius das Herz schwer geworden. Er wusste, was das
zu bedeuten hatte – er selbst hatte das Gesetz unterschrieben. „Und
ein königliches Verbot darf nicht wieder aufgehoben werden", erin-
nerten ihn die Minister. So gerne hätte er Daniel geholfen. Doch es
blieb ihm nichts anderes übrig, als ihn holen zu lassen. „Möge dein
Gott, zu dem du so treu gebetet hast, dich retten", sagte er noch zu
Daniel, bevor dieser in die Grube geworfen wurde – mitten hinein
in eine Horde hungriger Löwen mit mächtigen Mäulern und spit-
zen Zähnen.

Als es am frühen Morgen langsam zu dämmern beginnt, hält König Darius es nicht länger aus. Lebt Daniel noch? Haben die Löwen ihm etwas angetan? Er eilt zur Löwengrube. Schon von Weitem ruft er mit ängstlicher Stimme nach ihm.

Dann endlich bekommt er eine Antwort. Es ist Daniel. Er ist wohlauf und unverletzt.

„Mein Gott hat einen Engel geschickt", sagt Daniel. „So konnten mir die Löwen nichts antun." Erleichtert lässt König Darius ihn aus der Grube holen. Und er staunt über diesen Gott, der Daniel sogar vor den hungrigen Löwen rettet.

Nach Daniel 6

Löwe

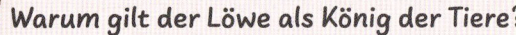

Warum gilt der Löwe als König der Tiere?

Aufgrund seines Aussehens, seiner Größe und seiner Stärke wird der Löwe oft als der „König der Tiere" bezeichnet. Mit seinen kräftigen Hinterbeinen und seinen langen Reißzähnen können sogar Zebras oder junge Elefanten zu seiner Beute werden. Das männliche Tier besitzt zudem eine prächtige Mähne. Diese lässt den Löwen imposant und mächtig erscheinen. Außerdem haben Löwen kaum natürliche Feinde. Auch das macht sie sozusagen zum König der Tiere – zumindest an Land.

In der Löwengrube

Löwen werden in der Danielsgeschichte als tödliche Strafe benutzt. Denn jeder, der sich nicht an das königliche Verbot hält, soll den Löwen zum Fraß vorgeworfen werden. Gleichzeitig ist die Löwengrube damit auch eine Abschreckung für alle, die sich an das Verbot halten.

Dass Gott Daniel vor den Löwen rettet, zeigt: Daniel hat sich zurecht treu an Gott gehalten. Nichts und niemand kann ihn davon abhalten, zu Gott zu beten – nicht einmal eine Grube voller hungriger Löwen.

Brüllen wie ein Löwe

Hast du schon einmal eine Polizeisirene gehört? Ganz schön laut, oder? Das Brüllen eines Löwen ist aber noch lauter – man kann es sogar über mehrere Kilometer hinweg hören! Oft brüllen Löwen, wenn es abends zu dämmern beginnt, oder morgens bei Sonnenaufgang. Mit ihrem Brüllen markieren sie ihr Revier und warnen fremde Löwen davor, ihnen zu nahe zu kommen.

Löwen in der Bibel

In der Bibel kommen Löwen nicht nur in der Danielsgeschichte vor. Im Alten Testament gehören sie sogar zu den Tieren, die am häufigsten erwähnt werden. Oft wird beschrieben, wie sich Löwen verhalten – wie sie brüllen und wie sie jagen. Damit können sie nicht nur anderen Tieren, sondern auch Menschen gefährlich werden.

An einigen Stellen in der Bibel werden Menschen mit Löwen verglichen. Oft sollen damit der Mut und die Stärke der Person hervorgehoben werden. Manchmal bedeutet es aber auch, dass diese Person besonders gefährlich ist.

In der Bibel wird auch Gott mit einem Löwen verglichen, weil er sein Volk wie ein brüllender Löwe verteidigt und beschützt. Im letzten Buch der Bibel, der Offenbarung, wird Jesus als „Löwe aus dem Stamm Juda" bezeichnet. Das soll seine Macht und seine besondere Bedeutung zeigen.

Wer gehört zum Löwenrudel?

In der Familie der Katzen sind Löwen die einzigen, die in Rudeln leben. Bis zu 45 Tiere können ein Löwenrudel bilden. Dazu gehören mehrere Löwenweibchen und ihre Jungtiere. Außerdem leben auch meist zwei oder drei erwachsene Männchen im Rudel, die das Löwenrudel verteidigen. Die Weibchen verbringen meist ihr ganzes Leben in demselben Rudel. Die männlichen Jungtiere hingegen verlassen nach wenigen Jahren das Rudel, streifen dann umher, schließen sich mit anderen Männchen zusammen und versuchen, ein anderes Rudel zu erobern, indem sie gegen die dortigen Rudelmännchen kämpfen. Nicht selten endet ein solcher Kampf blutig und für den unterlegenen Löwen tödlich.

Die größte Raubkatze der Welt

Der Löwe gilt zwar als König der Tiere, ist aber mit einer Länge von bis zu 2,5 Metern und einem Gewicht von bis zu 250 Kilogramm nur die zweitgrößte Raubkatze der Welt. Kannst du herausfinden, welches Tier die größte Raubkatze ist? Tipp: Im Fell hat die größte Raubkatze der Welt Streifen, die jedes Tier einzigartig machen.

Jona und der große Fisch

Jona läuft los. So schnell es geht und so weit wie möglich davon. Dahin, wo Gott ihn nicht finden kann. Denn den Auftrag, den er von Gott bekommen hat, will er nicht erfüllen.

„Geh in die große Stadt Ninive", hatte Gott zu Jona gesagt. „Ich habe gesehen, dass die Menschen dort böse Dinge tun. Sage ihnen, dass sie damit aufhören müssen!"

Jona rennt noch schneller. Eigentlich müsste er tun, was Gott ihm sagt. Denn Jona ist ein Prophet. In Gottes Auftrag geht er zu den Menschen und sagt ihnen, was Gott von ihnen will.

Aber den Menschen in der großen Stadt Ninive sagen, dass sie ihr Leben ändern sollen? Nein, das will Jona nicht tun. Ninive ist groß. Und weit weg. Und die Menschen freuen sich bestimmt nicht, wenn Jona ihnen sagt, was Gott von ihnen will. Also läuft Jona bis zum Hafen am großen Meer. Dort geht er an Bord eines Schiffes.

Doch Gott schickt einen Sturm. Der Wind heult. Die Wellen tosen. „Was sollen wir tun?", schreien die Matrosen voller Angst. Zuerst werfen sie allen Ballast über Bord. Aber noch immer droht das Schiff unterzugehen. Jona weiß, warum der Sturm tobt. „Ich bin schuld", sagt er. „Werft mich über Bord!" Zuerst wollen die Matrosen nicht auf ihn hören. Als der Sturm noch stärker wird, tun sie, was Jona gesagt hat, und werfen ihn ins Meer. Sofort legt sich der Wind und die Wellen hören auf zu tosen.

Jona treibt im Wasser. Immer weiter weg vom Schiff. Dann sieht er es: Zuerst ist es nur ein großer Schatten in der Tiefe. Der Schatten bewegt sich. Er kommt auf Jona zu, näher und näher. Dann taucht ein riesiger Fisch auf, öffnet das Maul und verschluckt Jona mit Haut und Haaren.

Gott hat den Fisch geschickt. Drei Tage bleibt Jona im Bauch des Fisches. Dort betet er zu Gott: „Was ich versprochen habe, werde ich halten. Ich gehe nach Ninive und erfülle meinen Auftrag." Da spuckt der Fisch Jona an Land.

Einen Tag wandert Jona durch Ninive. „Ihr tut böse Dinge", ruft er laut. „Deshalb wird Gott in 40 Tagen alles zerstören." Da geschieht es: Die Menschen in Ninive hören auf Jona. Sogar der König bereut die bösen Dinge, die er getan hat. Er befiehlt: „Alle Menschen in Ninive sollen zu Gott beten. Keiner soll mehr Böses tun. Vielleicht verschont Gott uns dann und zerstört Ninive nicht."
Gott sieht, dass die Menschen in Ninive von den bösen Dingen ablassen. Er hört, dass sie zu ihm beten. Da ändert Gott seinen Entschluss: Ninive soll nicht vernichtet werden.

Jona ärgert sich. Zornig sagt er: „Zuerst soll ich den Menschen sagen, dass du die Stadt vernichten wirst. Und dann änderst du deinen Entschluss und verschonst sie. Genau das habe ich mir gedacht, als ich noch zu Hause war. Du bist unendlich geduldig und voller Güte. Wozu soll ich dein Prophet sein!"

Gott sagt zu Jona: „Mir tun die Menschen leid. Deshalb will ich sie nicht vernichten."

Nach Jona 1–4

Fisch

Wie viele Fischarten gibt es?

Fische sind die älteste und artenreichste Wirbeltiergruppe. Heute leben mehr als 20.000 verschiedene Arten in unseren Bächen, Flüssen und Meeren.

Im Bauch des Fisches

Wie es wohl im Bauch des großen Fisches ausgesehen hat? Der bedrohliche Fisch, der Jona verschluckt, wird zur Rettung für Jona. Jona muss nicht ertrinken, sondern bleibt unversehrt im Bauch des Fisches, bis er verstanden hat, was Gott von ihm will.

Der größte Fisch im Meer

Der Walhai ist der größte Fisch in den Meeren. Weibliche Tiere können bis zu 14,5 Meter lang werden. Einzelnen Berichten zufolge wurden auch bis zu 18 Meter lange Exemplare beobachtet. Das Gewicht beträgt bis über 12 Tonnen. Das große Maul erstreckt sich über die gesamte Breite der Schnauze. Die etwa 3600 kleinen Zähne stehen in mehr als 300 dichten Reihen angeordnet. Mit einer Dicke von bis zu 15 Zentimeter ist seine Haut die dickste aller Lebewesen der Erde. Walhaie ernähren sich von Kleinstlebewesen und kleinen Fischen, die sie durch Ansaugen des Wassers zu sich nehmen. Sie können bis zu 100 Jahre alt werden.

Welcher Fisch hat Jona verschluckt?

Oft wird der große Fisch als Wal dargestellt. Von einem Wal ist in der biblischen Geschichte von Jona aber nicht die Rede. Der Fisch wird nur als „großer Fisch" bezeichnet. Er verschluckt den widerspenstigen Propheten Gottes und beherbergt ihn drei Tage und Nächte in seinem Bauch. Dann spuckt er ihn unversehrt an Land aus. Vielleicht denken viele Menschen bei einem großen Fisch deshalb an einen Wal, weil dieser eines der größten Wasserlebewesen ist, das Menschen kennen. Dabei sind Wale eigentlich keine Fische, sondern im Wasser lebende Säugetiere (Meeressäuger).

Was ist der Unterschied zwischen Salzwasserfischen und Süßwasserfischen?

Süßwasserfische leben in Wasser, das weniger salzig ist als sie selbst. Sie müssen Salz mit ihrer Nahrung aufnehmen, damit sie nicht aufquellen. Bei Salzwasserfischen ist es genau umgekehrt.

Wie atmen eigentlich Fische?

Menschen benötigen Sauerstoff zum Leben. Den Sauerstoff atmen wir über die Luft ein. Damit dieser in unserem Körper aufgenommen werden kann, brauchen wir unsere Lunge.
Aber wie ist das eigentlich bei Fischen unter Wasser? Wie atmen Fische? Mach dich zu dieser Frage schlau!

Hirte Hezro sucht sein Schaf

„ ... 95, 96, 97, 98, 99.“ Hirte Hezro schaut auf die Herde Schafe, die er gerade für die Nacht in die umzäunte Wiese gelassen hat. Hat er sich verzählt? Noch einmal: „1, 2, 3 ... 95, 96, 97, 98, 99.“ Nein, er hat sich nicht verzählt. Es sind nur 99 Schafe. Doch es müssten 100 Schafe sein. Ein Schaf fehlt. Aber welches? Hirte Hezro kennt jedes seiner Schafe beim Namen. Er kennt die Eigenschaften jedes seiner Tiere, erinnert sich daran, wann und wo sie geboren wurden, wann sie krank waren und aus welchen gefährlichen Situationen er jedes einzelne von ihnen gerettet hat. Und natürlich erinnert er sich auch an die lustigen Situationen, die er mit ihnen erlebt hat. Einmal hat sich bei Huscham, einem seiner kleinsten Schäfchen, ein Schmetterling auf die breite Nase gesetzt und Huscham hat sich so erschrocken, dass er einen großen Bocksprung mitten in die ... Moment! Wo ist Huscham? Hirte Hezro lässt den Blick über seine Herde schweifen. Nein! Huscham ist nicht da. Bestimmt hat der kleine Racker vorhin getrödelt, den Anschluss an die Herde verloren und sich dann irgendwo verirrt.

Hirte Hezro geht los. Zuerst durch den kleinen Bach unten im Bärental. Dort hat er seine Herde schon einige Male vor hungrigen Bären schützen müssen. Am Bachufer stehen saftige Gräser. Doch Huscham kann er nicht entdecken. Hezro folgt dem langen Trampelpfad den Hügel hinauf, bis er an den Felsenwald kommt. Auf dem steinigen Untergrund haben sich seine Schafe oft die Beine verletzt. Hezro schaut sich um. Von Huscham keine Spur. Langsam wird es dunkel. Hezro eilt an den großen Felsen vorbei auf die weite Wiesenfläche. Hinten bei den Büschen stehen viele Kräuter, die seine Schafe mögen. Inzwischen ist es so dunkel, dass Hezro kaum noch etwas sieht. „Huscham", ruft er laut. Dann lauscht er. Da! War das nicht ein Schafsblöken? „Huscham", ruft Hezro noch lauter. Tatsächlich: Ganz hinten blökt ein Schaf. Als Hezro näherkommt, sieht er, dass Huscham sich in den dichten Büschen verfangen hat. Behutsam befreit er sein kleines Schäfchen und nimmt es auf den Arm.

„Freut euch mit mir!", sagt Hezro zu seiner Familie, als er zu Hause angekommen ist. „Ich habe das Schaf wiedergefunden, das ich verloren hatte."

Nach Lukas 15,3-6

Schaf

Können sich Schafe orientieren?

Schafe haben einen guten Orientierungssinn und können sich sehr gut an ihre Umgebung erinnern. Noch nach zwei Jahren erkennen sie eine Wiese wieder, auf der sie mal gegrast haben.

Tiere in der Bibelgeschichte

Verlieren und finden

Jesus erzählt die Geschichte vom Hirten und dem verlorenen Schaf, um zu erklären, wie Gott zu den Menschen ist. Gott geht jedem Menschen nach und freut sich, wenn sich die Menschen von ihm finden lassen und Freunde von Gott werden.

Blick in die Bibel

Schafe in der Bibel

Schafe werden in der Bibel fast zweihundert Mal erwähnt. Das Schaf gilt als besonders reines Tier und wird deshalb oft für Opfer verwendet. Dafür steht der Begriff „Opferlamm". Im Neuen Testament wird das Verhältnis zwischen dem Schaf und seinem Hirten mit der Liebe Gottes zu den Menschen verglichen. Der gute Hirte lässt sogar sein Leben für die Schafe. In diesem Zusammenhang wird Jesus mit einem Opferlamm verglichen: Aus Liebe zu den Menschen stirbt er an einem Kreuz, damit alle Menschen als Freunde von Gott leben können.

Kluge Schafe

Schafe sind intelligente Tiere. Bei einem Versuch wurden Schafe dafür trainiert, einen Weg aus einem Labyrinth zu finden. Bereits nach kurzer Zeit konnten sie sich den richtigen Weg merken. Schafe können sich sogar an die Gesichter von bis zu 50 verschiedenen Menschen für bis zu zwei Jahre erinnern. Das ist wirklich erstaunlich!

Schafsmedizin

In einem Experiment wurde festgestellt, dass sich Schafe aufgrund verschiedener Geschmacksrichtungen Wissen über ihre Nahrung aneignen. Sind die Tiere krank, setzen sie dieses Wissen ein, um sich selbst zu behandeln. Sie suchen die Pflanzen mit dem Geschmack, die eine heilende Wirkung haben.

Sind Schafe besser als Rasenmäher?

Auf Deichen oder anderen großen Wiesenflächen sieht man häufig Schafherden, die dort weiden. Finde heraus, ob Schafe besser als Rasenmäher sind.

Vom Millionär zum Schweinehirten

Jesus erzählt eine Geschichte:

„Hoch die Gläser!", jubelt Ezra und betrachtet den Trubel um sich herum. Alle sind sie gekommen, seine neuen Freundinnen und Freunde. „Das geht alles auf mich!", nickt er dem Wirt zu, der die vielen Gläser mit Wein füllt. „Ein Trinkspruch!", ruft die junge Frau, die neben ihm am Tisch sitzt, und steht auf. Es wird still im Gastraum. „Auf den großzügigsten und spendabelsten jungen Mann, den ich kenne!", sagt die junge Frau, legt Ezra ihre Hand auf die Schulter und zwinkert ihm verführerisch zu. „Auf meinen neuen Freund Eli!" „Ich heiße Ezra", meint Ezra leise, aber das hört im Jubel und dem Klirren der Gläser niemand. „Egal", murmelt Ezra und nimmt einen großen Schluck. So hatte er sich sein neues Leben vorgestellt, als er seinen Vater bat, ihm sein Erbe auszuzahlen, und als er wenige Tage später mit den Taschen voller Geld von zu Hause fortging: Das Leben in vollen Zügen genießen, anstatt jeden Tag im väterlichen Betrieb mitzuarbeiten. „Noch eine Runde für alle", schreit Ezra und legt seinen Arm um die junge Frau neben ihm am Tisch.

Ezra wirft einen ungläubigen Blick auf die Rechnung, die der Wirt ihm unter die Nase hält. Hektisch kramt er in seinen Taschen. Nur noch drei Münzen sind darin. „Mein Geld reicht nicht ...", sagt er und blickt sich suchend im Gastraum um. Von seinen neuen Freundinnen und Freunden ist niemand mehr geblieben. Sie sind ohne ihn weitergezogen. Ezra kramt noch einmal in seinen Taschen. Aber von seinem Reichtum ist nichts mehr übrig. Als der Wirt sich wegdreht, springt Ezra auf und rennt los: durch den Gastraum aus der Tür die Straße entlang an den Häusern vorbei, bis die Stadt hinter ihm liegt. Nur weg von seinem neuen Leben!

Ezra betrachtet die Schweine, die grunzend und schnaufend den matschigen Boden aufwühlen. Als der Hunger groß wurde, hatte er bei einem Bauern nach Arbeit gefragt. Nun hütet er die Schweine. Hungrig ist er immer noch, so wenig bekommt er für seine Arbeit. Die Ernten sind ausgeblieben und niemand hat mehr genug zu essen. Ezras Hunger ist so groß, dass er sogar dankbar für das Schweinefutter wäre. Aber davon darf er nicht essen. Ezra denkt an zu Hause. Sogar den einfachsten Arbeitern seines Vaters geht es dort besser als ihm in der Fremde. Dicke Tränen rollen über seine Wangen und tropfen auf den Boden.

Ezra läuft los. Die Schweine lässt er hinter sich und die große Stadt und sein neues Leben auch. Während er läuft, murmelt er im Takt seiner Schritte vor sich hin, was er seinem Vater sagen will: „Vater, ich habe einen Fehler gemacht und es tut mir leid. Ich bin es nicht wert, dein Sohn zu sein. Aber lass mich bitte als ein einfacher Arbeiter hierbleiben." Je näher er seiner alten Heimat kommt, umso schneller geht sein Schritt.

Und dann sieht er das Haus. Ezra bleibt stehen. Es ist, als würden sich seine Beine nicht mehr bewegen. Da sieht er eine Gestalt, die aus dem Haus gestürmt und auf ihn zugelaufen kommt. Es ist sein Vater. Immer näher kommt er. Dann ist er da. „Vater, ich habe ...", beginnt Ezra, aber sein Vater nimmt ihn fest in die Arme und küsst seine Wangen. Dann sagt er zu den Dienern, die hinter ihm aus dem Haus gelaufen sind: „Bereitet alles für ein großes Fest vor. Denn mein Sohn hier war tot und ist wieder lebendig geworden. Er war verloren und ist wiedergefunden."

Nach Lukas 15,11-24

Entdeckerseite!

Schwein

Schweinemassage

Ähnlich wie Menschen lassen sich Schweine durch Musik beruhigen, spielen gerne Ball und lassen sich sogar gerne massieren. Wenn sie eine Wahl hätten, würden Schweine ihre Zeit damit verbringen, Futter zu suchen, zu spielen und in der Sonne zu liegen.

Schlimmer geht es nicht

Schweinehüten gehörte zu den erniedrigendsten Aufgaben, die sich ein jüdischer Mensch vorstellen konnte. Wer Schweine hüten musste, war ganz am Ende. Schlimmer ging es nicht. So geht es auch dem Sohn in der Geschichte, die Jesus erzählt: Aus dem reichen Sohn wird ein armer Schweinehirte.

Welche Bedeutung haben Schweine in der Bibel?

Schweine gelten in der Bibel als unreine Tiere. Sie dürfen nicht gegessen werden oder in den Bereich Gottes kommen. Sie stehen auch für Schmutz und Grobheit. In der Landwirtschaft konnten sie durch Wühlen in den Äckern und Fressen der Feldfrüchte große Schäden anrichten.

Zahlreiche Knochenfunde belegen, dass Schweine trotzdem auch im Land der Bibel als Haustier gehalten wurden.

Von wegen Schweinerei

Schweine sind sehr reinliche Tiere und trennen ihren Schlafplatz strickt von ihrer „Toilette". Sie vermeiden es außerdem, den Futterplatz zu beschmutzen. Schweine gehören zu den intelligentesten Tieren auf unserem Planeten. Sie können mit bis zu 100 Signalwörtern mehr lernen als Hunde. Sie verfügen über ein beachtliches Langzeitgedächtnis, sofern sie einmal einen Ablauf verinnerlicht haben. Und wenn Scheine grunzen, möchten sie etwas sagen. Dabei grunzt kein Schwein wie ein anderes. Je nach Stallumgebung, in der Schweine aufwachsen, bilden sie ganz eigene Persönlichkeiten aus, die sich voneinander unterscheiden.

Warum wälzen sich Schweine im Matsch?

Schweine können nicht schwitzen und sind deshalb sehr hitzesensibel. Durch Baden, Wälzen oder Suhlen regulieren sie ihre Körpertemperatur.

Geheimnis um die Schweinenase

Ganz vorne an der Schweinenase befindet sich die sogenannte „Rüsselscheibe". Sie sieht aus wie eine Steckdose und hat außerdem besondere Eigenschaften. Kannst du herausfinden, welche das sind?

Auf dem Esel nach Jerusalem

Die beiden Männer sehen sich suchend um. Sie denken an den Auftrag, den Jesus ihnen gegeben hat. „Geht in das Dorf, das vor euch liegt. Gleich wenn ihr hineinkommt, findet ihr einen jungen Esel angebunden. Auf ihm ist noch nie ein Mensch geritten. Bindet ihn los und bringt ihn her", waren seine Worte gewesen.

Dann entdecken sie ihn. Nicht weit entfernt, angebunden an ein Hoftor, steht ein junger Esel. Als sie näherkommen, wackeln seine langen Ohren. Der junge Esel sieht die Männer neugierig an. Einer der Jünger streicht ihm sanft über das Fell, der andere bindet ihn los.

„Was macht ihr? Warum bindet ihr den Esel los?" Die Leute auf der Straße blicken sie misstrauisch an. Die Jünger erinnern sich daran, was Jesus zu ihnen gesagt hat. „Der Herr braucht ihn", erklärt einer der Jünger. „Aber er wird ihn gleich wieder zurückschicken", fügt der andere hinzu. Die Leute sind einverstanden. Und so nehmen die Jünger das Tier mit sich mit. Der junge Esel folgt ihnen aufmerksam. Wer dieser „Herr" wohl sein mag?

Der junge Esel sieht sich erstaunt um. Unzählige Menschen strömen nach Jerusalem. Immer wieder blicken sie in seine Richtung und deuten auf den Mann, der inzwischen auf seinem Rücken Platz genommen hat. „Ist das Jesus dort auf dem Esel?", fragt einer. Andere rufen: „Jesus hat mein ganzes Leben verändert!" „Mich hat er geheilt!" Viele Menschen breiten ihre Kleider auf der Straße aus. Andere legen Zweige auf den Weg. Wie auf einem Teppich läuft der junge Esel mit Jesus nach Jerusalem hinein.

„Hosianna – hilf doch, Jesus!", ruft es von hinten. „Hosianna! Gesegnet sei, wer im Namen des Herrn kommt!", schallt es von vorne. „Hosianna! Hosianna! Gepriesen sei Gott!", jubeln die Menschen Jesus zu. Wie einen König empfangen sie ihn. Und manch einer denkt an das Prophetenwort, das von einem König erzählt, der auf einem jungen Esel reitet, statt auf einem hohen Ross. Einem König, der Frieden stiftet, statt Kriege zu führen. Einem König, dessen Herrschaft kein Ende haben wird, weil Gott mit ihm ist. Ist Jesus dieser lang ersehnte Friedenskönig?

Nach Markus 11,1-10

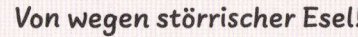

Esel

Von wegen störrischer Esel!

Manchmal werden Esel als störrisch oder stur bezeichnet. Aber es steckt etwas Anderes dahinter, wenn sich ein Esel nicht mehr vom Fleck bewegt. Während Pferde die Flucht ergreifen, bleiben Esel in Stress- oder Gefahrensituationen einfach stehen. Wenn Esel dann angeschrien oder sogar geschlagen werden, kann dies die Starre noch verstärken. Das Stehenbleiben ist eigentlich ein Schutzmechanismus: Würden Wildesel im Bergland bei Gefahr flüchten, könnten sie den Halt verlieren und damit ihr Leben riskieren.

Blick in die Bibel

Esel in biblischen Geschichten

Der Esel wird in der Bibel als Tier, das Lasten trägt und auf dem Feld arbeitet, erwähnt. Außerdem wird er als Reittier genutzt. Der Mensch ist für das Tier verantwortlich und soll für es sorgen. So soll Eseln, wie den Menschen auch, am siebten Tag der Woche, dem Sabbat, Ruhe gewährt werden.
Eine bekannte biblische Geschichte, in der ein Esel eine besondere Rolle spielt, ist die Bileamsgeschichte. Hier ist es eine Eselstute, die den Engel Gottes zuerst erkennt und ihren Besitzer Bileam mit Worten auf sein Verhalten hinweist.
In den biblischen Weihnachtsgeschichten wird übrigens kein Esel erwähnt. Trotzdem ist in vielen Weihnachtskrippen neben Maria und Josef oft auch ein Esel zu finden.

Warum sollten Esel besser nicht nass werden?

Das Fell von Eseln ist nicht geeignet, nass zu werden. Das Wasser gelangt schnell an die Eselshaut. Zudem trocknet das Fell nur sehr langsam wieder. Wenn Esel nass werden, steigt somit das Risiko, dass sie krank werden.

Auf dem Esel nach Jerusalem

Anders als das Pferd, das auch im Krieg eingesetzt wird, steht der Esel für Frieden. Das kommt besonders im Propheten-wort in Sacharja 9,9 zum Ausdruck. An dieser Stelle wird von einem Friedenskönig – dem Messias – gesprochen, der als Reittier einen jungen Esel hat. Die neutestamentliche Erzählung vom Einzug in Jerusalem nimmt darauf Bezug und zeigt, dass Jesus dieser lang ersehnte Friedenskönig ist, der auf einem Esel – und eben nicht auf einem Pferd – nach Jerusalem kommt.

Alter Esel?

Esel können ganz schön alt werden – älter noch als Pferde. Ihre Lebenserwartung kann bis zu 40 Jahre betragen.

Was ist ein Zesel?

Über Esel hast du nun Einiges erfahren. Doch was ist eigentlich ein Zesel? Kannst du herausfinden, was das Besondere an diesem Tier ist? Wie sieht es aus?

Tipp: Welche Tiernamen verstecken sich in „Zesel"?

Noch ehe der Hahn kräht

Für einen kurzen Moment bleibt Petrus der Mund offen stehen. Die Worte von Jesus hallen in seinen Ohren wider: „Einer von euch wird mich verraten." Entsetzt sehen sich er und die anderen Jünger an. Wer von ihnen könnte so etwas tun? Schon lange sind sie gemeinsam mit Jesus unterwegs. Sie haben gehört, wie er von Gott erzählt, gesehen, wie er Kranke gesund macht und gespürt, wie selbst Wind und Wellen ihm gehorchen. Und gerade hat Jesus das Brot und den Wein mit ihnen geteilt und davon gesprochen, dass er alles für sie geben würde.

Entrüstet schüttelt Petrus den Kopf. „Ich werde immer zu dir halten", ruft er Jesus zu. Doch Jesus erwidert: „Petrus, noch ehe der Hahn kräht, wirst du dreimal abstreiten, dass du mich kennst." Petrus schluckt. Viele Gedanken gehen ihm durch den Kopf.

Wenig später gehen die Jünger mit Jesus zum Ölberg. Im Garten Getsemani lassen sie sich nieder. Petrus spürt, wie bedrückt und traurig Jesus ist. Doch als Jesus ein paar Schritte weiter zu beten beginnt, fallen Petrus und den anderen Jüngern die Augen zu. Erst als viele Stimmen und laute Schritte durch die Nacht hallen, wachen sie auf. Eine große Truppe bewaffneter Männer nähert sich Jesus. Judas, einer der Jünger, führt sie an. Er läuft auf Jesus zu und gibt ihm einen Kuss. Damit verrät er ihn. Die Männer nehmen Jesus fest und führen ihn weg.

Heimlich schleicht Petrus hinter ihnen her. Jesus wird zum Haus des Obersten Priesters gebracht. Im Hof wärmen sich einige Diener an einem Feuer. Petrus setzt sich zu ihnen. „Der da war auch mit Jesus zusammen!", sagt eines der Dienstmädchen plötzlich. Petrus schüttelt schnell den Kopf. „Nein", erwidert er hastig, „ich kenne ihn gar nicht!" Da meint ein anderer zu ihm: „Du gehörst doch auch zu denen, die mit Jesus unterwegs waren!" Wieder streitet Petrus alles ab: „Ich doch nicht!" „Ganz bestimmt gehörst du zu denen", sagt schließlich noch einer. Doch Petrus behauptet ein drittes Mal: „Ich weiß überhaupt nicht, wovon du sprichst!" Im selben Moment kräht ein Hahn. Da fallen ihm die Worte von Jesus wieder ein. Petrus schluckt. Nur ein einziger Gedanke geht ihm durch den Kopf: Er hat nicht zu Jesus gehalten.

Jesus wird zum Tode verurteilt. Er stirbt am Kreuz. So vielen hat Jesus von Gottes Liebe erzählt. So vielen hat er geholfen. Und nun ist er tot. Petrus weiß nicht mehr weiter.

Der Sabbat geht vorüber, die neue Woche beginnt. Am Abend sitzen die Jünger und viele andere, die mit Jesus unterwegs gewesen waren, zusammen. Unruhig unterhalten sie sich über das, was die Frauen am Morgen am Grab erlebt haben. Die Tür geht auf. Zwei weitere Jünger treten herein. Sie sagen: „Jesus ist wirklich auferstanden!" Während sie erzählen, steht Jesus plötzlich da. Petrus und die anderen erschrecken. Sie können es kaum glauben: Jesus lebt!

Einige Zeit später sind Petrus und ein paar andere Jünger am See von Tiberias. Die ganze Nacht über haben sie keinen einzigen Fisch gefangen. Es wird Morgen. Ein Mann steht am Ufer. Er sagt ihnen, dass sie das Netz an der rechten Bootsseite auswerfen sollen. Und tatsächlich! Dieses Mal ist es so voll, dass sie es kaum an Land ziehen können. Der Mann lädt sie zum Essen ein. Keiner traut sich zu fragen, wer er ist. Aber Petrus spürt, dass es Jesus ist, der mit ihnen Brot und Fisch teilt. Nach dem Essen fragt Jesus ihn: „Hast du mich lieb?" Petrus schluckt. Dann antwortet er: „Ja, Jesus, du weißt, dass ich dich lieb habe." Jetzt ist alles anders als in der Nacht, ehe der Hahn krähte. Von nun an wird Petrus sein ganzes Leben lang zu Jesus halten.

Nach Lukas 22–24 und Johannes 21

Entdeckerseite!

Hahn

Wie kommt der Hahn auf den Kirchturm?

Auf vielen Kirchturmspitzen befindet sich die Figur eines Hahns. Als Wetterhahn zeigt er an, woher der Wind kommt. Eigentlich soll der Hahn auf dem Kirchturm aber an die biblische Geschichte von Petrus erinnern. So wie der Wetterhahn weit oben vom Wind gedreht und bestimmt wird, lässt sich Petrus in der biblischen Geschichte von seiner Angst bestimmen. Der Hahn auf dem Kirchendach soll deshalb ein Zeichen für Menschen sein, zu ihrem Glauben an Jesus Christus zu stehen.

Tiere in der Bibelgeschichte

Noch ehe der Hahn kräht

In der biblischen Geschichte um Petrus ist das Krähen des Hahnes das Signal dafür, dass Petrus sich an die Worte von Jesus erinnert.

!

Blick in die Bibel

Der Hahn in biblischen Geschichten

Im Neuen Testament hat der Hahn die Funktion eines „Zeitangebers": Sein Krähen markiert den Übergang von der Nacht zum Tag. Die bekannteste biblische Geschichte, in der ein Hahn vorkommt, ist die Petrusgeschichte.

Im Laufe der Zeit wurde der Hahn außerdem zum Symbol für Ostern und für die Auferstehung, weil er darauf verweist, dass das Licht am Morgen die Dunkelheit der Nacht vertreibt.

Warum krähen Hähne?

Mit ihrem Krähen markieren Hähne ihr Revier. So zeigen sie sich kampfbereit gegenüber Rivalen. Sie versuchen außerdem, Hennen zu beeindrucken. Wenn ein Hahn mit dem Krähen angefangen hat, tun es ihm andere Hähne gleich. Das kann dann zu einem richtigen Kräh-Konzert werden! Frühmorgens fällt das Hahnenkrähen besonders auf, weil es ansonsten noch sehr ruhig ist. Wissenschaftler haben herausgefunden, dass Hähne beim Krähen eine eigene innere Uhr besitzen.

Wer hat den schönsten Kamm?

Der fleischerne meist rot gefärbte Hautlappen auf dem Kopf von Hühnern wird als Kamm bezeichnet. Bei Hähnen ist dieser besonders auffällig. Sie besitzen einen größeren Kamm als Hennen derselben Rasse. Der Kamm hat bei der Paarungszeit eine wichtige Funktion. Er zeigt, dass der Hahn gesund und kräftig ist. Außerdem können Hühner über den Kamm und die Kehllappen Körperwärme abgeben und so ihre Körpertemperatur regulieren.

Die Hühner auf der Stange

Kennst du die Redewendung „wie die Hühner auf der Stange"? Tatsächlich sitzen Hühner gerne auf einer Stange oder auf einem Ast. Warum ist das wohl so?

Die Autoren

Ramona Dobler, geboren 1993, ist studierte Grundschullehrerin und unterrichtete als Klassenlehrerin in den Klassenstufen 1 und 2. Bei der Deutschen Bibelgesellschaft ist sie in den Bereichen Lektorat und Kommunikation tätig. Von ihr stammen die Nacherzählungen *Gottes große Schöpfung, Die Taube mit dem Olivenzweig, Hilfe, Heuschrecken!, Die Kamele der Königin, In der Löwengrube, Auf dem Esel nach Jerusalem* und *Noch ehe der Hahn kräht*.

Michael Jahnke, geboren 1967 am Niederrhein, ist studierter Pädagoge und hat viele Jahre in religionspädagogischen Handlungsfeldern gearbeitet. Bei der Deutschen Bibelgesellschaft in Stuttgart ist er für das Bibelprogramm verantwortlich. Von ihm stammen die Nacherzählungen *Verlockende Frucht und schlaue Schlange, Elija und die Raben, Der Liederdichter und der Meeresdrache, Der Wolf und das Lamm, Jona und der große Fisch, Hirte Hezro sucht sein Schaf* und *Vom Millionär zum Schweinehirten*.

Der Illustrator

Mathias Weber, geboren 1967, ist als Illustrator bekannt geworden durch die neue Bilderbuchreihe um Jim Knopf und Lukas, den Lokomotivführer, sowie die Kolorierung der Zeichnungen von F.J. Tripp in den Büchern von Otfried Preußler (beide Esslinger-Thienemann). Er lebt mit seiner Familie in Ladenburg.

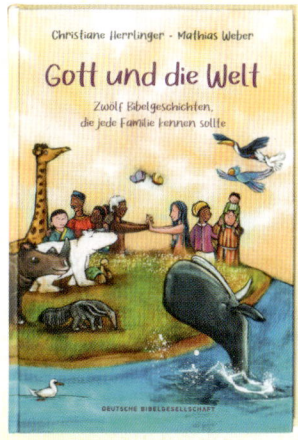

Die Deutsche Bibelgesellschaft ist eine kirchliche Stiftung des öffentlichen Rechts. Sie übersetzt die biblischen Schriften, entwickelt und verbreitet innovative Bibelausgaben und eröffnet für alle Menschen Zugänge zur Botschaft der Bibel. International verantwortet sie die wissenschaftlichen Bibelausgaben in den Ursprachen. Durch die Weltbibelhilfe unterstützt sie in Zusammenarbeit mit dem Weltverband der Bibelgesellschaften (United Bible Societies) weltweit die Übersetzung und Verbreitung der Bibel, damit alle Menschen die Bibel in ihrer Sprache lesen können.

Weitere Informationen finden Sie unter www.die-bibel.de

ISBN 978-3-438-04777-9

© 2025 Deutsche Bibelgesellschaft, Stuttgart
Angaben zur Produktsicherheit:
Deutsche Bibelgesellschaft,
Balinger Str. 31A, 70567 Stuttgart,
produktsicherheit@dbg.de

Texte: Ramona Dobler, Michael Jahnke
Illustrationen: Mathias Weber
Satz und Layout: Mathias Weber
Druck: Finidr, s.r.o., Český Těšín

Printed in the Czech Republic
Alle Rechte vorbehalten

01.2025